AF230319

LK
3050

INAUGURATION

DE LA STATUE DE

MADAME DE SÉVIGNÉ

A GRIGNAN

PRÉSIDÉE

Par M. DE MONMERQUÉ

Conseiller honoraire à la Cour Impériale de Paris, Membre de l'Institut

RAPPORT

Fait à l'Académie des Inscriptions et Belles-Lettres

Le 20 Novembre 1857

PARIS

CHEZ LEDOYEN, LIBRAIRE

AU PALAIS-ROYAL

MARS 1858

VOYAGE DE GRIGNAN

INTRODUCTION AU RAPPORT

M. Ducros, maire de Grignan, venait de me prévenir que la statue en bronze de madame de Sévigné, par MM. Rochet frères, était terminée, et que l'envoi lui en était fait; il avait fixé au 4 octobre la solennité de l'inauguration qu'il m'avait prié de venir présider; mon départ pour la Provence ne pouvait plus se différer. En conséquence, madame de Monmerqué et moi nous prîmes, le 2, vers minuit, le chemin de fer du Midi, et le lendemain, 3 octobre 1857, à neuf heures du soir, nous arrivions à Montélimart, où nous sommes descendus à l'Hôtel de la Poste.

Montélimart était pour moi comme une initiation à Grignan; cette ville, dominée par les ruines de l'antique château des Adhémar, commande tout le pays, qui a l'aspect d'une longue vallée contenue entre deux chaînes de montagnes, derrière lesquelles il doit s'étendre. La noble maison d'Adhémar a possédé cette contrée en pleine souveraineté. Elle a donné son nom à Montélimart, petite ville, qui s'est formée à l'ombre du château, et dont le nom est la contraction de *Montilium Adhemari.*

Il arriva cependant qu'en 1144, le besoin d'un puissant appui se faisant sentir, Gérard Adhémar, seigneur de Monteil, fit *volontairement* hommage de sa ville et de ses vastes domaines à Raymond Béranger, deuxième du nom, dit le Jeune, comte de Provence, qui, recevant sa foi, lui reconnut le droit de battre monnaie, et d'autres avantages, conséquences d'une ancienne souveraineté.

On est d'abord surpris de voir un seigneur jouissant en franc-alleu de ses domaines, rendre foi et hommage à un autre seigneur qu'il reconnaît comme son suzerain, et renoncer ainsi à l'honneur de ne relever que de Dieu et de son épée; mais en se reportant au moyen âge, on y a vu souvent des seigneurs de domaines peu considérables, exposés à des guerres ruineuses, se rapprocher d'un seigneur plus puissant qu'eux et le reconnaître pour leur suzerain, afin d'en être protégés contre les usurpations qu'ils redoutaient. Par cet hommage volontaire, fait sous la réserve de hauts priviléges, tels que celui de battre monnaie, le nouveau vassal conservait une partie des honneurs de la souveraineté ; il se soumettait au service militaire, mais il acquérait le droit de l'invoquer à son tour comme une puissante égide devenue nécessaire à sa conservation.

Un successeur de Gérard Adhémar de Monteil renouvela, en 1257, cet utile traité, par un second hommage à Béatrix, comtesse de Provence, et à Charles d'Anjou, son mari, frère de saint Louis, sous les conditions stipulées en 1144.

Grignan n'était d'abord qu'une simple baronnie ; il fut érigé en comté, en 1550, par le roi Henri II, en faveur de Louis Adhémar de Monteil, lieutenant de roi en Provence, dont la fille, Blanche Adhémar, héritière à défaut de mâles, apporta la terre de Grignan à son mari Gaspard de Castellane. Cette maison s'éteignit, dans le dix-huitième siècle, en la personne du comte de Grignan, gendre de Mme de Sévigné, décédé sans postérité mâle.

On nous pardonnera ces détails, qui établissent la haute position des Adhémar, continués par les Castellane. Cette grandeur éblouit Mme de Sévigné ; l'on ne peut se le dissimuler, quand elle accorda sa fille au comte de Grignan, dont la fortune, au moment de cette nouvelle alliance, périclitait déjà sensiblement.

Nous partîmes de Montélimart le 4 octobre, à sept heures du matin, et nous nous dirigeâmes sur Grignan, qui en est à six ou sept lieues. Nous allions vers l'est, suivant d'abord la route d'Orange, pour ensuite prendre un embranchement sur la droite.

Nous étions frappés, tout en cheminant, de la grandeur de l'ancienne maison des Adhémar, dont les traces encore visibles surmontent les hauteurs que nous apercevions. La plupart sont, en effet, couronnées de vieilles tours en ruines, signes féodaux d'anciens fiefs, accensés par les Adhémar à leurs descendants, ou à leurs vassaux.

Une montagne assez élevée partage en deux por-

tions à peu près égales la distance que nous parcou-
rions. Elle est couverte de bois, réduits à l'état de
broussailles par les chaleurs excessives du pays. On
les appelle, à ce qu'on nous a dit, les *bois de Chá-
teauneuf du Rhône*. On aperçoit, de l'autre côté de
la vallée, la tour du *Colombier*, qui donne son nom
à la montagne que nous franchissions ; les gens du
pays l'appellent la *Montée du Colombier*. Afin d'éviter
la rapidité d'une ascension trop brusque, la route,
magnifique comme toutes celles de France, fait plusieurs circonvolutions autour de la montagne, et
quand on est enfin parvenu à son sommet, on jouit
d'une vue immense et de l'horizon le plus étendu.
De là nous aperçûmes la ville de Grignan et son château groupés ensemble. On peut facilement s'ima-
giner de quel intérêt a été cette première vue pour
un éditeur des lettres de Mme de Sévigné. C'est là, me
disais-je, qu'habitait cette belle comtesse de Grignan,
sur laquelle Mme de Sévigné reportait involontaire-
ment toutes ses pensées ; c'est là que l'illustre épistolaire a longtemps vécu, et qu'elle a succombé à sa
dernière et fatale maladie ; c'est là qu'elle repose,

loin des cendres de sa famille; nous allons voir les lieux qu'elle habitait; ils nous révéleront peut-être des particularités qu'eux seuls peuvent nous apprendre.

Nous avons été reçus par M. Ducros, qui nous avait attendus dès la veille, mais que j'avais trouvé le moyen de prévenir de notre arrivée à Montélimart. La fête allait commencer par une messe solennelle, en musique, à l'église collégiale de Saint-Sauveur, ancienne chapelle du château, devenue la paroisse de la ville.

Cette jolie église a été bâtie, en 1512, par Gaucher Adhémar de Monteil, baron de Grignan, fondateur du chapitre, et père de Louis Adhémar de Monteil, premier comte de Grignan. Le portrait de Gaucher Adhémar, peinture du temps, est conservé dans la sacristie, où M. le Curé me l'a fait remarquer.

Je reconnus de suite cette collégiale, tant est grande la vérité de la gravure placée par le libraire Blaise dans le dixième volume de ma première édition (Paris, 1818). On y voit encore, tout près de la voûte, la tribune dans laquelle la famille du comte assistait au service divin. Elle subsiste, mais elle est inabordable, l'entrée par la terrasse ayant été fermée par une mesure de prudence qu'a rendue nécessaire l'état de ruine de ce château princier.

Grignan est un chef-lieu de canton et une justice de paix. L'hospice fondé par les seigneurs de Grignan n'est remarquable que par une jolie chapelle, restaurée dans ces derniers temps. On y voit un tableau de prix; il est d'Annibal Carrache et représente le Christ mort; il nous a paru être dans un bel état de restauration. C'est un présent du dernier comte de Grignan.

On voit encore, vers l'ouest, un ancien jeu de mail, exercice dans lequel M. de Grignan déployait une adresse qui lui attira plus d'une fois des compliments de sa belle-mère. Ce jeu est ombragé par de vieux ormeaux qui ont plus de quatre cents ans. On sait leur âge, car le mémoire des ouvriers qui les ont plantés est conservé dans les archives de la mairie.

Un hôtel de ville, élégamment construit, a été élevé sur la place de Grignan; c'est devant ce monument que la statue de Mme de Sévigné est placée.

Elle est représentée assise, et, quoiqu'elle soit en bronze, on n'y remarque aucune roideur. MM. Rochet frères lui ont donné toute la grâce et l'aimable abandon que, d'après les souvenirs du grand siècle et les portraits du temps, nous aimons à lui attribuer. Une eau de source pure et limpide, amenée d'une certaine distance, coule à ses pieds. L'utilité s'accorde ici avec l'embellissement de la ville.

La maison du Chapitre était l'hôtel de la mairie, avant la construction du nouvel édifice. Elle sert maintenant de presbytère. On y remarque l'ancienne salle du Chapitre, entourée de tapisseries de haute lice, données par les seigneurs de Grignan.

En sortant de Grignan, nous nous sommes rendus à Suze pour y saluer la dame du lieu et voir le château, remarquable monument de la Renaissance, parfaitement conservé ; la cour rappelle le style de l'Hôtel de Ville de Paris, bâti sous Henri II. Un vaste parc, planté principalement en chênes verts et en oliviers, s'étend sur un plateau d'où l'on a une vue admirable. M. le comte et Mme la comtesse Des-Isnard de Suze nous ont accueillis de la manière la plus aimable. Je laisse à Mme de Monmerqué le soin de faire connaître quelques particularités qui s'attachent au noble château, d'où nous sommes partis pour nous rendre à Avignon, l'ancienne ville des Papes, admirer dans ses environs la fontaine de Vaucluse et ses eaux de couleur d'outre-mer (1), sans négliger Nîmes et ses antiquités, qui, par leur belle conservation, le disputent à celles de l'Italie, puis prendre à Cette le chemin de fer du Midi, voir en passant Toulouse et son capitole, Bordeaux, dont mon cher neveu, M. Dosquet, secrétaire général de la Gironde, et sa gracieuse femme nous ont fait les honneurs avec tant d'empressement. Mme de Monmerqué racontera plus tard nos diverses excursions :

(1) Les eaux du bassin de la fontaine de Vaucluse sont d'une couleur d'outre-mer très-foncée, ce qu'on remarque surtout en portant ses regards sur les eaux qui baignent le fond de la grotte. Un botaniste occupé à cueillir des plantes qui y croissent avec abondance répondit à l'expression de ma surprise en me disant que les gens du pays attribuent cette couleur à la grande profondeur de l'eau. Cette explication était loin de me satisfaire. Ce n'est pas seulement sous la voûte de la grotte que les eaux prennent cette couleur; la rivière de la Sorgue, qui sort avec impétuosité du rocher, et qui, comme le Loiret, porte bateau à quelques toises de sa source, conserve cette belle couleur bleue pendant un assez long espace, quoique cette petite rivière ait peu de profondeur. Je livre cette observation aux personnes qui, pendant la belle saison, vont journellement visiter cette singularité de la nature, qui est une des merveilles du pays.

celle de Cadillac, l'ancien château des ducs d'Épernon, où nous sommes arrivés après avoir côtoyé, pendant plusieurs lieues, les bords riants de la Garonne; notre pèlerinage à Notre-Dame de Verdelay, nouveau calvaire de la Guyenne, où nous conduisirent M. et Mme Émile Dosquet; une charmante église remplie d'*ex-voto*, et, en gravissant la montagne, des stations construites dans le style du moyen âge, les unes terminées, les autres commencées. Cette grande œuvre de piété, émule du Mont-Valérien, est due au zèle apostolique de Son Éminence Mgr le cardinal Donnet. Le concours des pèlerins y est immense. Je m'arrête... Nous terminâmes enfin notre course aux D'Agneaux, chez M. et Mme Nancel, au sein de la famille de Mme de Monmerqué; aimable séjour qui nous a fait oublier les fatigues d'un long voyage.

INAUGURATION

DE LA STATUE

DE Mme DE SÉVIGNÉ

A GRIGNAN

LE 4 OCTOBRE 1857.

RAPPORT

FAIT A L'ACADÉMIE DES INSCRIPTIONS ET BELLES-LETTRES

Par M. DE MONMERQUÉ

L'UN DE SES MEMBRES

Dans la séance du 20 novembre 1857.

MESSIEURS,

Je remplis un devoir en rendant compte à l'Académie des Inscriptions et Belles-Lettres de ce qui s'est passé à Grignan, sous ma présidence, le 4 octobre dernier, à la solennité de l'inauguration de la statue élevée en l'honneur de Mme de Sévigné.

M. Ducros, maire de Grignan, pénétré d'une juste admiration pour Mme de Sévigné, l'une des principales illustrations littéraires de l'ancienne Provence, a fait un appel aux amis de Marie de Chantal, annonçant qu'une souscription allait s'ouvrir dont le produit serait employé à lui élever une statue dans la ville de Grignan, qu'elle a longtemps habitée et où ses cendres reposent. Bien sûr de mon concours, il me demanda d'unir mes efforts aux siens. J'acceptai sa proposition avec empressement, et, à ma prière, M. Bertin m'ouvrit les colonnes du *Journal des Débats*, dans lequel la souscription fut immédiatement annoncée.

Cette invitation a produit son effet; les souscripteurs se présentèrent. MM. Rochet frères, artistes distingués, nés dans le département de la Drôme, firent un modèle qui fut accepté, après avoir été discuté; ils se mirent à l'œuvre, et la statue étant terminée, le jour de son inauguration a été fixé au 4 octobre 1857.

Je me suis rendu à Grignan sur l'invitation réitérée de M. le maire : Mme de Monmerqué m'accompagnait; elle a désiré assister aussi au triomphe de la grande épistolaire. Déjà, en 1850, nous avions visité, en Bretagne, la ville de Vitré et l'hôtel bâti sur l'emplacement de la tour *de Sévigné*, rendez-vous habituel des touristes, où nous étions descendus; nous avions été visiter le château des Rochers, si riche en portraits de l'illustre famille, ainsi qu'on a pu le voir dans les impressions de voyage de l'auteur du *Miroir des Salons*, tracées dans un opuscule (1) qui bientôt sera suivi

---

(1) *Tablettes de Voyage*, par Mme DE MONMERQUÉ , 2ᵉ édit., Paris , Ledoyen, in-18, 1851.

d'un autre sur la Provence, le château de Grignan et la grotte de Roche-Courbières, rendue célèbre par les lettres de Mme de Sévigné.

En arrivant à Grignan, le 4 octobre, nous vîmes sur la place la statue de Mme de Sévigné, qu'un voile dérobait encore aux regards.

Vers une heure de l'après-midi, porteur des insignes d'officier de l'ordre impérial de la Légion d'honneur, revêtu de notre costume de l'Institut de France, accompagné des autorités et des principaux notables, précédé par un nombreux corps de musique, composé des membres de la société philharmonique de Valréas, nous nous sommes rendus en cortége de la maison du maire à l'Hôtel de Ville de Grignan, où nous avons pris place dans une tribune élevée au-dessus du porche.

Un immense concours des habitants de la ville et des environs, accourus de toutes parts à cette fête nationale, annoncée dans toutes les villes du Midi, remplissait la place et les rues adjacentes, garnissait les fenêtres, les toits, la tour du beffroi, et même la haute terrasse du vieux château, d'où l'on plane sur toute la contrée.

Le silence s'étant peu à peu rétabli, j'ai donné l'ordre de retirer le voile qui couvrait la statue de bronze de Mme de Sévigné. Une acclamation générale s'est alors élevée, et sur toutes les figures se peignait une douce satisfaction, accompagnée par les vives fanfares d'une musique aussi éclatante qu'harmonieuse.

M. le maire a d'abord fait connaître, par quelques mots bien sentis, ses nombreuses démarches pour arriver au jour que nous allions célébrer, et le choix qu'il avait fait de deux jeunes artistes, enfants de la Drôme, au talent desquels est due la statue qui allait être inaugurée.

Prenant ensuite la parole, je me suis exprimé en ces termes :

Messieurs,

Il y a bientôt deux cents ans qu'une femme remarquable entre les plus célèbres par l'éclat de ses vertus, les grâces de son esprit et un mérite extraordinaire, venait souvent demeurer dans l'antique château dont les ruines couronnent le sommet de votre ville. Elle avait marié Madeleine de Sévigné, sa fille, justement appelée *la plus jolie fille de France*, au comte de Grignan, de l'ancienne maison des Adhémars, qui, peu après son mariage, fut nommé lieutenant de roi et gouverneur de votre belle Provence. Il tenait la place du duc de Vendôme, titulaire de la charge, trop jeune encore, ou peut-être trop léger, pour être investi de la confiance du grand roi. La jeune comtesse ne tarda pas à rejoindre son mari, et elle quitta sa mère pour la première fois. Cruelle séparation ! qui plongea dans le désespoir l'âme de Mme de Sévigné, et ne laissa d'autre soulagement à sa douleur que dans ses épanchements intimes, contenus dans ces lettres inimitables dont le recueil, justement apprécié pour la vivacité et la déli-

catesse des sentiments, le naturel et la grâce de l'expression, l'énergie de la pensée, quand le récit atteint
la hauteur de l'histoire, est un des livres du grand siècle
qu'on lit et relit le plus souvent. Vous le savez, messieurs, les journaux n'étaient alors que d'insignifiantes
gazettes ; les grandes nouvelles, les événements importants donnaient la vie aux correspondances particu-
ières ; aussi lisons-nous avec un grand intérêt, dans
les lettres de Mme de Sévigné, les relations des principaux événements du temps, où elle s'élève si haut
avec le sujet. Apprend-elle à sa fille la mort de Turenne, ce malheur immense pour la France ? on croit
entendre les accents de Bossuet tonnant du haut de la
chaire chrétienne sur le néant des choses d'ici-bas (1).
Louvois disparaît-il subitement de la scène du monde?
on partage avec Mme de Sévigné la surprise des con-
temporains, et l'on voit le puissant ministre s'évanouir
comme une ombre. Si l'on descend avec elle à des su-
jets de la vie privée, elle proportionne son style au
fait modeste que sa plume retrace. Beaulieu, son
fidèle valet de chambre, est gravement malade à l'hôtel
de Carnavalet, tandis qu'elle est encore en Bretagne ;
Mme de Sévigné décrit à sa fille le triste état du bon
serviteur (2): « Il est résigné, lui écrit-elle ; il prie

----

(1) Lettre à Mme de Grignan, du 31 juillet 1675, et celle de même
date, adressée à M. de Grignan ; voyez aussi celle du 2 août 1675,
à Mme de Grignan.

(2) Lettre du 26 juillet 1691, adressée à M. de Coulanges.

» Dieu et lui demande miséricorde; puis il parle de sa
» chère maîtresse, qu'il eût bien voulu revoir encore
» une fois et lui rendre encore ses services; il me re-
» commande sa femme et son fils, il me demande par-
» don; de grosses larmes lui tombent des yeux et à
» moi aussi. Je ne suis pas propre à soutenir cette
» pensée et cet état d'un garçon si digne de mon af-
» fection, si fidèle, si digne de ma confiance, si atta-
» ché à moi; il était aimable, vous le savez, et se fai-
» sait aimer de tout le monde.... (1) » Mme de Sévigné
prend tous les tons; elle réunit tous les contrastes;
elle apprécie les ouvrages gracieux et légers avec autant de justesse qu'elle montre de profondeur quand
elle vient à parler des œuvres religieuses d'Abbadie,
de Nicole ou de Pascal.

Depuis le mariage de sa fille, toutes les pensées de
Mme de Sévigné et ses affections les plus tendres s'é-
taient tournées vers la Provence; elle la préférait à la
Bretagne, bien qu'elle se plût à embellir son parc
des Rochers, mais c'était dans l'espérance d'y rece-
voir encore sa fille adorée.... Ce bonheur, hélas! ne
lui était pas réservé.... Après une longue absence, elle
venait de se réunir à Mme de Grignan, et peu de temps
après elle tomba gravement malade... Sa famille, ses
amis, les lettres, la France la perdirent le 17 avril
1696.

(1) *Lettres inédites*, Paris, J. J. Blaise, 1827, in-8°; voir la lettre du
30 juin 1690, page 35, adressée à Mme de Grignan.

Vous avez, messieurs, conservé ses cendres : le bruit s'était répandu qu'elles avaient été troublées à une époque de funeste mémoire, où rien de sacré ne fut respecté ; mais de sévères enquêtes ont établi que sa tombe, placée dans votre église collégiale, n'a pas été profanée... Nous avons à gémir sur un crime de moins !

Votre honorable maire a mis tous ses soins à transmettre à la dernière postérité le souvenir et les traits de Mme de Sévigné ; il a été bien secondé par MM. Rochet frères, qui, s'arrachant pour un instant à d'immenses travaux destinés aux deux mondes, ont, avec autant d'habileté que de désintéressement, reproduit en bronze les traits, l'attitude habituelle et les manières charmantes d'une femme aussi spirituelle qu'illustre.

Habitants de Grignan, jouissez de ce bienfait ; vous verrez désormais sur cette place Mme de Sévigné, assise au milieu de vous : d'une main elle tient cette plume qu'elle laissait courir avec tant de naturel et de facilité ; de l'autre elle vous présente une de ces lettres qui sont devenues sa gloire et feront les délices de tous les âges. Conservez, messieurs, ces souvenirs glorieux, non-seulement pour votre ville, mais pour la France entière et pour la littérature française, devenue de plus en plus européenne.

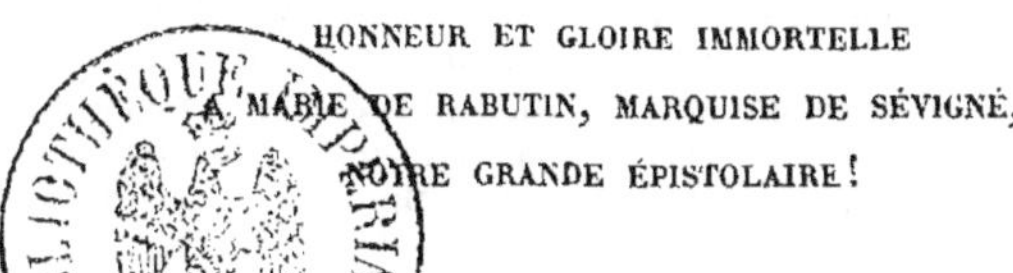

HONNEUR ET GLOIRE IMMORTELLE
A MARIE DE RABUTIN, MARQUISE DE SÉVIGNÉ,
NOTRE GRANDE ÉPISTOLAIRE !

2

M. Faure, propriétaire du château de Grignan, a re-tracé, dans un intéressant exposé, les faits les plus im-portants de la vie de Mme de Sévigné. Il a rappelé le soin pris par le maréchal Dumuy, premier acquéreur de la terre de Grignan, de faire placer sur la tombe de Mme de Sévigné une dalle de marbre blanc avec une simple épitaphe, telle que nous la voyons encore au-jourd'hui; honneur tardif signalé dans la notice de notre édition de 1818; et après avoir dit avec vérité que ce trop modeste monument était le seul qui eût encore été consacré à la mémoire de l'illustre marquise (1), il s'est empressé d'ajouter ces mots, favorablement ac-cueillis : « Félicitons-nous d'avoir confié au bronze le » soin de perpétuer sa gloire. Je crois être l'interprète » de tous mes concitoyens en remerciant notre excel-» lent maire, M. Ducros, celui dont la vie a été con-» sacrée tout entière à son pays. »

Devenu propriétaire des ruines du château, M. Faure a fait réparer la portion qu'il habite, dans laquelle il

(1) Le maréchal Dumuy fit un acte de courtoisie délicate en répa-rant ce qu'il peut avoir regardé comme une regrettable négligence; mais si l'on se reporte aux circonstances terribles qui ont accompagné la mort de Mme de Sévigné, on reconnaîtra que sa noble famille n'a pu être atteinte par ce reproche indirect. Dans quel trouble le château ne fut-il pas jetté? Mme de Grignan, très-malade alors, ignorait l'extré-mité de sa mère, et sa mort lui fut d'abord cachée. Des motifs de salubrité firent hâter les obsèques; on n'eut pas même le temps de se procurer un cercueil de plomb, ainsi qu'on peut le voir dans la notice de M. de Saint-Surin, placée en tête de mon édition de 1818. Il fallait prévenir le marquis de Sévigné, alors aux Rochers, et l'on ignorait s'il ne ferait pas transporter le corps de sa mère en Bretagne, ou à Paris, dans le caveau de l'église des Filles-Sainte-Marie, sépulture des Cou-

a rassemblé des tableaux et d'autres objets de curio-
sité, provenant de l'ancien mobilier de ce lieu histo-
rique, conservé par lui religieusement, et qu'il ouvre
avec complaisance aux nombreux curieux qui deman-
dent à le visiter. On assurait que plus de dix mille personnes y ont été admises le jour de l'inauguration.

Un joli feu d'artifice, favorisé par un temps admirable, a terminé la fête. Le bouquet a été salué d'ap-
plaudissements prolongés ; la scène représentait la
grotte de Roche-Courbières. Tout à coup on a vu madame de Sévigné s'avancer lentement, toute éclatante
de lumière et la tête ceinte d'escarboucles..... C'était
une apparition !... c'était l'apothéose !!!

Après le feu, le bal a commencé, à la satisfaction
d'une belle et nombreuse jeunesse. Une vaste salle,
dont les fleurs et des guirlandes de feuillages faisaient
tout l'ornement, avait été improvisée sur la place. Les
valses et les quadrilles se sont succédé sans interrup-
tion jusqu'à une heure assez avancée de la nuit.

Madame d'Altenheym, née Soumet, héritière du talent de son père, nous avait adressé une pièce de vers

langes, où reposaient la mère de Mme de Sévigné et peut-être son
père. D'un autre côté, la maison de Grignan était dans une mau-
vaise position de fortune, ainsi que nous le ferons connaître plus tard ;
aurait-on placé dans l'église du château un modeste mausolée, dont
la simplicité aurait contrasté avec les habitudes de la somptueuse et
ruineuse existence de l'imprudent gouverneur ? On fut donc obligé de
faire les choses d'une manière provisoire, et les circonstances ulté-
rieures forcèrent la famille de maintenir, à son grand regret, une position qu'elle a dû singulièrement déplorer.

sur madame de Sévigné ; nous l'avons lue dans la cérémonie du matin, et elle a été fort applaudie. Nous la
reproduisons dans l'appendice.

On a ensuite entendu avec intérêt M. Stéphen Liégeard, conseiller de préfecture du département de la
Drôme ; il a lu avec beaucoup d'animation une pièce
de vers qu'il a composée sur l'inauguration de la statue.
Mme Gagne, née Élise Moreau, connue par des poésies
aussi gracieuses que naturelles, avait adressé à M. le
maire de Grignan une pièce de vers sur le même sujet ;
nous placerons dans l'appendice les fragments de ces
deux pièces qui s'appliquent plus spécialement à Mme de
Sévigné.

Le 5 octobre, au déjeuner que Mme de Monmerqué
appelait en riant le *lendemain de noces de M. Ducros,*
se trouvèrent réunies plusieurs personnes amenées à
Grignan par la solennité *Sévignique :* M. Begouin,
sous-préfet de Montélimart, M. Marc-Aurel, rédac-
teur du *Courrier de la Drôme,* qui nous a devancé dans
le récit de la journée du 4 octobre, et a publié notre
discours tel que sa mémoire le lui a fourni, et tel, à
peu près, que nous l'inspirèrent l'aspect des lieux, le
motif de l'assemblée, la présence d'une multitude d'au-
diteurs, accourus de toutes parts ; M. Baïssas, homme
de lettres ; M. Liégeard, que nous venons de nommer ;
M. Faure, propriétaire actuel du château de Grignan ;
M. Deloye, bibliothécaire et conservateur du musée d'A-

vignon (1); les deux frères Rochet, sculpteurs, auxquels
est due la statue; et tant d'autres personnes que nous
voudrions nommer ici et qui attestaient par leur présence leur sympathique admiration pour Mme de Sévigné. De cette réunion de départ et d'adieux, dont le
souvenir nous sera toujours présent, jaillissait une
conversation toute de traits et de bons mots, spirituel-
lement improvisés, qui rappelait la gaieté un peu
bruyante des entretiens de la grotte de Roche-Courbières, quand la société du château, animée par la présence de Coulanges, l'aimable chansonnier, du comte
de La Garde, de Corbinelli, et d'autres encore, se
livrait à une aimable gaieté, tempérée par la présence
de Mme de Sévigné, de Mmes de Grignan et de Coulanges,
et d'autres dames de cette charmante société, dernier
reflet traditionnel du célèbre hôtel de Rambouillet,
berceau de la politesse et de la grâce françaises.

Nous allâmes ensuite voir en grand détail les ruines

(1) Dans la suite du voyage, qui a embrassé plusieurs villes du
Midi, telles qu'Avignon, Nîmes, etc., nous avons retrouvé M. Deloye,
qui a eu la complaisance de nous accompagner dans le musée et dans
la bibliothèque d'Avignon, et sachant que nous nous occupons d'une
nouvelle édition des *Lettres de Mme de Sévigné*, il nous a signalé l'existence d'une correspondance de Mme de Simiane, sa petite-fille, avec le
marquis de Caumont. Déjà M. de Crozes et M. Anatole de Gallier
nous en avaient entretenu, et même le second de ces messieurs a
porté la complaisance jusqu'à nous faire une copie des principales
lettres qui la composent. Il y est surtout question de l'hôtel que Mme de
Simiane faisait construire à Valréas, et des embellissements dus à
Antoine Vernet, le père de Joseph, le bisaïeul d'Horace, notre honorable confrère, le peintre de la prise de la Smala, cette grande page
de la peinture moderne, et de tant d'autres chefs-d'œuvre.

du château de Grignan, que M. Faure voulut bien nous
montrer dans leur ensemble, ainsi que la partie du
mobilier qu'il est parvenu à racheter avec mille soins et
d'heureuses recherches.

Le lendemain, 6 octobre, nous nous disposions à
quitter Grignan, mais avant notre départ, accompa-
gnés par M. le maire, nous avons visité la grotte de
Roche-Courbières, où conduit un chemin tracé au
milieu des vignes, des oliviers et des mûriers. De
cette grotte, située à un demi-quart de lieue de Grignan, on voit les ruines du château s'élever en amphi-
théâtre derrière la ville.

Feu M. le baron Salamon, ancien maire et député, a
fait, il y a environ vingt ans, l'acquisition de cette
grotte des héritiers du maréchal Dumuy (1), et il en a
donné la nue-propriété à la commune de Grignan. Il
s'en était réservé l'usufruit afin de diriger lui-même
quelques travaux qui en facilitassent l'accès, d'y placer
des bancs à l'usage des promeneurs, et d'entourer de
palissades le terrain qu'il venait d'acquérir.

Cette grotte est située au pied d'un immense rocher,
dont l'élévation à pic est comparable à la falaise qui
domine l'Océan, auprès du château de Dieppe. Elle est
formée par une courbure qui va se perdre sous le roc,
de sorte que le rocher est comme suspendu. C'est peut-

(1) Lettre du baron Salamon au maire de Grignan, du 2 novembre
1837, publiée à la suite de l'*Histoire de Mme de Sévigné*, par M. AUBENAS,
Paris, 1842, in-8°, p. 586.

être ce qui lui a fait donner le nom de *Roche-Courbières*.

L'excavation, sous le rocher, se partage en deux grottes distinctes et contiguës. Dans la première, qui est la plus grande, un jeu de la nature frappe d'abord les yeux ; une eau limpide tombe continuellement goutte à goutte du milieu de la voûte, sans que jamais la force de la source augmente ou diminue, quelles que soient les ardeurs de l'été ou l'abondance des pluies de l'automne. C'est un autre exemple de la *Roche qui pleure*, souvent visitée par les curieux dans la forêt de Fontainebleau.

La seconde partie de la grotte, suivant les traditions du pays, était celle que madame de Sévigné affectionnait le plus. Elle s'y retirait quand la société devenait trop bruyante ; une petite table y était disposée, sur laquelle la marquise a écrit quelques-unes de ses lettres.

Notre complaisant guide nous a fait remarquer un vieux figuier que l'on assure avoir été planté par la marquise ; il en détacha un rejeton qu'il offrit à Mme de Monmerqué comme souvenir de son voyage.

Cette jolie grotte et tout ce qui l'environne nous ont inspiré le plus vif intérêt ; tout y parle de Mme de Sévigné : à Grignan nous ne voyions que des ruines, tandis qu'ici rien n'est changé ; la nature, abandonnée à elle-même, s'est chargée toute seule de l'ornement de ce site demi-sauvage, et pour peu qu'on se laisse aller à la rêverie et que l'imagination reprenne sa course vagabonde, il semble que Marie de Chantal y est venue la veille, et l'on serait tenté de chercher sur le sable la trace de ses pas; aussi avons-nous vu l'auteur du *Miroir des Salons* (1) se recueillir, durant quelques instants, et tracer ensuite les vers suivants sur l'écorce du figuier centenaire :

> Adieu, rocher, témoin de tant de doux écrits ;
>> Adieu solitude profonde,
> Où rêvait Sévigné, loin des grandeurs du monde.
> Mon cœur de tes beautés est vivement épris :
>> J'aime la paix qui t'environne,
>> L'eau cristalline, au reflet pur ;
>> Perle qui sous ton ciel d'azur
>> Est un fleuron de sa couronne.

(1) *Le Miroir des Salons*, scènes de la vie parisienne, par Mme de SAINT-SURIN (*Mme de Monmerqué*), nouvelle édition illustrée. Paris, veuve Louis Janet, in-8°.

APPENDICE

Paris. --- Typ. Morris et Comp., rue Amelot, 64.

APPENDICE

POÉSIES

Lues à la Solennité de l'Inauguration de la Statue

DE

MADAME DE SÉVIGNÉ

SUR LA PLACE DE GRIGNAN

OU ENVOYÉES A CETTE OCCASION.

I

VERS DE Mme D'ALTENHEYM ,

NÉE GABRIELLE SOUMET.

Après avoir décrit à grands traits le siècle de
Louis XIV et les magnificences de Versailles, et avoir
rappelé les noms des principaux littérateurs, savants,
guerriers et artistes qui ont illustré cette époque, la
fille du célèbre académicien s'écrie :

Entre tous ces grands noms, enfants de l'harmonie,
Entre tous ces héros de gloire ou de génie,
Brille un nom féminin, de tendresse imprégné,
Pur et majestueux : celui de Sévigné !...

Un nom qui retentit sur cette foule immense,
Comme le plus charmant de la douce Provence.
Sévigné, que tes traits nous donnent de bonheur !
Avec Clémence Isaure (1) il te fallait l'honneur
De voir sous le soleil rayonner ta statue, :

(1) Clémence Isaure , institutrice des Jeux Floraux. Nous avons
salué sa statue au Capitole de Toulouse, dans la suite de notre voyage.

Ah ! celle-ci, du moins, ne peut être abattue,
Puisqu'elle a pour garant, dans sa calme fierté,
Le triomphe innocent de la maternité !...
Que ces lieux consacrés à ta docte mémoire,
Témoins de ton amour, soient témoins de ta gloire !

Ta fille avait suivi les pas d'un noble époux,
En regrettant sa mère et ses baisers si doux.
Oh ! séparation cruelle, mais féconde !
Viens aux secrets d'une âme initier le monde.
Toute larme versée, ainsi qu'un diamant,
Brille, astre radieux, au divin firmament ;
Car l'amour d'une mère est comme un ciel sans voile,
Chaque pleur qu'il répand se transforme en étoile,
Mais jamais, parmi nous, d'un enfant bien-aimé,
Avec autant d'échos le nom ne fut nommé
Que celui de ta fille, ô femme enchanteresse !
Tes lettres, Sévigné, ne sont qu'une caresse ;
D'un vêtement d'amour ton style est revêtu...
Non, l'amour maternel n'est pas une vertu,
C'est un instinct sacré, fort comme la nature,
Reflet du créateur dans une créature,
Puissant, impétueux, magnanime, emporté,
Dans un élan du cœur il met l'éternité ! ! !

Gabrielle SOUMET D'ALTENHEYM.

25 septembre 1857.

—∞—

A ces vers, que madame d'Altenheym m'adressa le
25 septembre 1857, étaient jointes les belles strophes

qu'elle m'avait remises en décembre 1836, et que je m'étais empressé de faire imprimer à un petit nombre d'exemplaires (1). Elles ont été insérées dans les *Tablettes de Voyage de madame de Monmerqué* (2).

Ces deux pièces ne devant plus être séparées, nous les réunissons ici.

—∞—

STANCES LYRIQUES

PAR

Mme D'ALTENHEYM, NÉE SOUMET,

ADRESSÉES

A M. DE MONMERQUÉ.

—∞—

Ange des aimantes familles,
A son charme infini nous nous abandonnons;
Sa fille était aimée entre toutes les filles,
Et son nom sera grand entre tous les grands noms.

Cette femme si douce et si vive et si belle,
Au langage tendre et moqueur,

(1) Paris; Firmin Didot, in-8°, février 1837.
(2) Paris; Ledoyen, 1851, in-12, p. 28.

Vécut du souvenir qui la fit immortelle,
Et dans un seul amour répandit tout son cœur.

Sa grâce n'a rien de frivole ;
Son sourire jugeait les peuples et les rois ;
Et quand sa plume glisse et vole,
Un siècle tout entier passe au bout de ses doigts.

Et toi, que sa mémoire en tes travaux anime,
Tu cherches, Monmerqué, pour embellir les arts,
De cet esprit de feu tous les rayons épars,
Ainsi que d'un grand saint la relique sublime.

Et nous t'applaudissons, car tu fais comme Herschell,
Lorsque du firmament il lève un nouveau voile,
Et qu'il enrichit d'une étoile
Les trésors radieux du ciel.

GABRIELLE SOUMET D'ALTENHEYM.

11 décembre 1836.

II

VERS

DE

M. STÉPHEN LIÉGEARD,

Conseiller de Préfecture à Valence,

*Lus par lui, à Grignan, à la Cérémonie de l'Inauguration
de la Statue de Mme de Sévigné (1).*

-∞-

. . . .

C'est plaisir que de voir, sous le ciel de Provence,
Au miroir de ses eaux, véritable Jouvence,
Le nom de Sévigné, doucement reflété,
Reprendre un nouveau lustre à leur limpidité (2).

Certe, il eût convenu qu'une voix plus habile
Improvisât cet hymne aux murs de votre ville,
Et que, les arts luttant par un noble combat,
Au pied de la grande œuvre un grand luth résonnât.

(1) La pièce de M. Liégeard a été publiée en entier dans le *Courrier de la Drôme et de l'Ardèche*, du 8 octobre 1857. L'auteur a fait hommage d'une copie de son manuscrit à Mme de Monmerqué.

(2) Du piédestal de la statue de Mme de Sévigné sort une double fontaine.

A celui qui, jadis, sous ces créneaux antiques,
De ses lais amoureux caressait les portiques,
A Guilhem Adhémar (1), l'illustre troubadour,
Revenait tout l'honneur de chanter en ce jour ;
Mais puisque autour de nous ses cordes font silence,
Aux brises des vallons qui charmaient mon enfance,
Je veux, barde timide, emprunter des accents
Sur ce sol fleuronné de blasons éclatants,
Qu'il suffit de frapper pour qu'une gloire en sorte.
Sévigné du génie a grossi la cohorte ;
Si Grignan savoura les fruits des derniers ans,
Nos coteaux ont brillé des lis de son printemps.
Qu'aux deux coins de ce socle et Bourgogne et Provence,
Pour fêter leur enfant, fassent donc alliance (2)...

Et mieux que moi, d'ailleurs, ces lieux, vivante histoire,
Jettent de chaque pierre un hymne à sa mémoire...
Regardez, en effet, là-bas, dessus vos têtes,
Malgré les cieux, la foudre, un peuple et ses tempêtes,
Se cramponnant superbe aux parois du coteau,
Titan découronné, ce spectre de château :

(1) Guillaume Adhémar, troubadour célèbre du treizième siècle... On
a dit qu'il mourut de douleur, au château de Grignan, en apprenant le
mariage de la comtesse Alix de Die, son amante, avec le comte d'Em-
brunois. — « Que cet Adhémar est joli ! mais aussi qu'il est aimé !
» Sa maîtresse devoit être bien affligée de le voir expirer en baisant sa
» main. Je doute, comme vous, qu'elle ait pris le parti de se faire
» monge. » (*Lettre de M*^me *de Sévigné à sa Fille*, du 4 janvier 1690.)

(2) L'auteur a suivi l'opinion qui faisait naître Mme de Sévigné
en Bourgogne, au château de Bourbilly, mais l'acte de son baptême a
été retrouvé ; il est inscrit sur les registres de la paroisse Saint-Paul de
Paris, où elle est née le 6 février 1626. (*Revue Rétrospective*, Paris, 1834,
in-8°, t. IV, p. 156.)

C'est le donjon *royal* (1) fermé sur sa tendresse,
Qu'à nos yeux éblouis ouvre l'enchanteresse...
Puis, l'étroite poterne, entre sa double tour (2),
Le beffroi sonnant l'heure aux ronces de la cour ;
Le balustre noirci (3), promenade de princes,
D'où l'œil émerveillé contemplait trois provinces ;
Ces jardins, pas à pas, sur l'abîme conquis (4),
Ces arceaux constellés de verdoyants treillis,
Mêlant aux figues d'or les pampres jaunis d'ambre,
Que sa main patricienne égrenait en septembre ;
Et le temple gardien de son dernier sommeil,
Et la grotte où son cœur allait prendre conseil
Des vagues bruits du soir, pauvre Rochecourbière !
Dont la triste Naïade, au front voilé de lierre,
Épanche sa douleur en larmes de cristal,
Près du banc qui servait de pupitre à Chantal.
Oui, qu'elle pleure encore, mais des larmes de joie !
Deux siècles écoulés, la mort nous rend sa proie ;
Défiant à toujours, parmi ces habitants,
L'ingrat oubli de l'homme et l'outrage du temps !
Qu'importe qu'en un jour de fiévreuses colères,
Une plèbe, insultant aux mânes de ses pères,
D'un marteau sacrilége ose forger l'affront,

(1) Allusion à un mot de Mme de Grignan. (Voy. la *Lettre de Mme de Sévigné à Mme de Coulanges*, du 9 septembre 1694.

(2) L'entrée du château, telle qu'on la voit encore aujourd'hui.

(3) C'est la terrasse du château, d'où l'on jouit de la vue la plus étendue sur plusieurs provinces.

(4) Des jardins en terrasse, à plusieurs élévations, comme on le raconte des jardins de Babylone. On en montre un, appelé plus spécialement le *Jardin de Mme de Sévigné*, où est un gros figuier que l'on assure être le rejeton de celui qu'elle-même avait planté.

Puis de ce fouet impur frappe la gloire au front?
Qu'importe qu'au fracas de sa fangeuse houle (1),
L'air brûle, le sol tremble et le palais s'écroule?
Le silence des ans succède à ces fureurs;
Dans l'herbe des préaux, les mauves, sombres fleurs,
D'une sauvage étreinte enlacent les statues;
Sur leurs gonds descellés, les portes abattues
A tous les vents du ciel abandonnent le seuil;
L'écusson dont l'azur portait avec orgueil,
Sur les rinceaux tortus d'un attique profane,
La croix des Adhémar, unie aux Castellane,
Gît poudreux, mutilé (2). Plus de chants, plus de bruits,
Plus de joyeux banquets sous l'étoile des nuits....

..... Des feuillets échappés à la flamme,
Un peu d'encre tombée d'une plume de femme,
Qu'humecte l'arc-en-ciel, que sèche la gaieté,
C'est tout... et c'est assez pour la postérité (3).
Grignan renie enfin un passé qui lui pèse :
Le bronze coule à flots de l'ardente fournaise;
Le génie, en passant, le frappe de son coin :
Le voile se déchire... et l'on entend au loin
Dix mille cœurs battant dans dix mille poitrines
A l'ombre d'un grand nom planant sur des ruines !
Honneur donc à l'Édile (4), ami des beaux esprits,

(1) Agitation des eaux de la mer qui succède à la tempête.
(2) Le poëte peint ici les troubles révolutionnaires au milieu desquels le château de Grignan a été pillé et converti en ruines.
(3) Heureuse pensée; aux abominations de 1793 a succédé le bon ordre, et il était réservé à la plume d'une femme de ramener la gloire à Grignan.
(4) M. Ducros, maire de la ville de Grignan.

Dont la voix gourmandant, non moins que les écrits,
D'un âge un peu bourgeois la molle indifférence,
A du haut de ces murs, antique résidence
De paladins tombés en défendant la croix,
Sur l'autel négligé des grâces d'autrefois,
Prêché si vaillamment sa moderne croisade !
Honneur au Phidias de notre jeune Hellade (1) ,
Qui d'un gain légitime artiste dédaigneux,
Dans le creuset bouillant, à son souffle nerveux,
En précieux airain change un métal vulgaire,
Fait payer son chef-d'œuvre au Brésil tributaire,
Et ne demande rien, pour prix de ses labeurs,
Qu'une palme à sa main, qu'une place en vos cœurs (2)!
Ah ! qu'il soit fier d'avoir rajeuni, lustre immense !
De son ciseau français cette fille de France !
La voilà telle enfin qu'elle apparut jadis,
La piquante marquise, aux salons de Paris ;
Cheveux en grappes d'or, retombant sur la joue,
Pli moqueur de la bouche, où le rire se joue,
Étincelle au regard, facile dignité,
Et la grâce et l'esprit, plus rares que la beauté.
La voilà de retour, la conteuse féconde,
Qui lâche, bride au cou, sa plume vagabonde,
Cueillant, comme l'abeille aux roses d'alentour,

(1) Ce mot est pris ici poétiquement pour la Grèce, la patrie des
beaux-arts.

(2) La statue devait être d'abord d'un métal inférieur. MM. Rochet,
agissant avec un admirable désintéressement , sur le point d'exécuter
d'importants travaux pour le Brésil, ont stipulé du fondeur, qu'à titre
de prime, la statue de Mme de Sévigné serait coulée en bronze. On peut
évaluer à 20,000 fr. le don fait à la ville de Grignan par les géné-
reux artistes. C'est un bel hommage qu'ils rendent à leur pays et aux
lettres.

Les échos de la ville et les bruits de la cour ;
Pour en verser le miel aux lèvres de sa fille,
Butinant tout le jour du Louvre à la Bastille.

De ruelles en bals, de théâtre en sermon,
Et de la Champmêlé sautant à Mascaron,
Quels reflets vont dorer ces *tables* (1) palpitantes !
L'amie éclate-t-elle en plaintes éloquentes
Devant l'arrêt jaloux, politique attentat,
Qui tire les verroux d'une prison d'État,
Sur le faste écroulé de cet autre Mécène (2),
Que soutint Pélisson, que pleura la Fontaine ?
Ou son burin, glissant de Fouquet à Vatel,
Grave-t-il les hauts faits de ce maître d'hôtel,
Payant d'un beau trépas l'erreur de la marée ?
Est-ce la patriote ardemment inspirée,
Dont la prose dispute aux vers de Despréaux
L'honneur d'avoir forcé le Rhin dans ses roseaux ?
Est-ce la grande dame, à la verve railleuse,
Qui, par décret sentant un peu sa *précieuse*,
Voue aux bûchers futurs d'un même *auto-da-fé*
Deux coupables absous : Racine et le café ?
Ou n'est-ce pas plutôt la Muse de l'histoire,
Roulant Turenne mort dans son drapeau de gloire
Sur *ce canon chargé de toute éternité*,
Qui le jette sanglant à l'immortalité ?
Non !.... C'est la folle mère, amante de sa fille,
Dont l'aveugle faiblesse en mille traits petille,

(1) Pour *tablettes* ou *lettres*.
(2) Allusion aux lettres à M. de Pomponne sur le procès de
Fouquet.

Qui rit de ses gaietés, pleure de ses soupirs,
Voudrait changer pour elle aquilons en zéphirs,
Tiède source du cœur, soleil inefficace
A fondre les frimas de cette âme de glace... (1)
Comme l'eau qui jaillit de ce socle d'airain
Frappe sans le creuser le marbre du bassin.

Pourquoi faut-il, hélas ! qu'une dure sentence
Borne l'aigle en son vol et l'homme en sa puissance ?
Que ne peuvent d'un mot ses yeux se dessiller,
Ses membres s'assouplir et ses seins se gonfler ?
Quelle épître charmante à joindre à ses épîtres !
Et quel thème plus riche à broder de chapitres
Que cet amas bruyant de fêtes et de jeux,
De boîtes en éclats et de gerbes en feux !
Que ce noble concours de spectateurs avides
De se désaltérer à des ondes limpides,
Et d'honorer parmi les gloires de ce sol
L'art perdu de Vatel retrouvé dans Peyrol (2) ?

Puis, si dressant la tête au-dessus de la foule,
Son œil interrogeait le siècle qui s'écoule,
Quel tableau ! Sous ses pieds, le Rhône si rétif,
Esclave révolté, dans ses digues captif;
La vapeur de son cours activant la paresse;

(1) Allusion trop méritée à l'âme sèche et froide de Mme de Grignan, qui paraît avoir si peu sympathisé avec celle de sa mère.

(2) Peyrol était l'ancien chef de cuisine du château de Grignan. Le
souvenir s'en est conservé dans cette petite ville, où l'un de ses descendants est, de père en fils, l'unique restaurateur du lieu, et soutient, à
ce qu'on nous assure, la réputation de son aïeul.

Cet hippogriffe ailé que rêvait sa tendresse
Franchissant en un jour, de Grignan aux Rochers,
Plus de champs qu'en un mois n'en brûlaient ses cochers ;
La foudre, messagère, au service des ondes,
Échangeant par un fil les pensers des deux mondes ;
Aux loisirs d'une paix, due à nos étendards,
Paris de ses lauriers couronnant les beaux-arts ;
Son Louvre, rehaussé d'un peuple de grands hommes,
Qui, sur leurs piédestaux dorment leurs derniers sommes,
Tandis qu'on voit au seuil se coudoyer les rois ;
De jeunes maréchaux, vieillis par les exploits,
Dont les bâtons, taillés dans la hampe ennemie,
Ombragent d'un berceau l'espérance affermie ;
Dans leurs rangs, ce guerrier qu'un glorieux chaînon
Retient loin d'une fête où l'appelait son nom ;
De ces preux Castellane, héritier légitime (1),
Qui porte sans fléchir le poids de tant d'estime ;
Et sur le trône enfin, sublime trinité,
La force et le génie unis à la beauté !
Ah ! devant ce spectacle il me semble d'avance
La voir briser sa plume et s'écrier : « La France
» De toutes les grandeurs est encor le pays,
» Et le Louis régnant toujours le grand Louis ! »

Stéphen LIÉGEARD.

(1) **M.** le maréchal de Castellane, arrière-petit-fils de Mme de Sévigné, que sa présence au camp de Châlons a empêché d'assister au
triomphe de sa noble aïeule.

III

COURONNE POÉTIQUE

OFFERTE A Mme DE SÉVIGNÉ,

PAR Mme GAGNE, NÉE ÉLISE MOREAU (1)

Le jour de l'inauguration de la statue, à Grignan.

—∞—

Toi qui, sans y songer, et d'une main distraite,
D'une palme immortelle as couronné ta tête;
Toi dont l'esprit charmant et le style enchanteur
Dans un monde idéal transportent le lecteur,
Aimable Sévigné, dont la chaste figure
Brille d'une beauté si touchante et si pure,
Quand ton cœur, ce foyer de nobles sentiments,
Se livrait à ces longs et doux épanchements
Qui coulaient dans le sein d'une fille adorée,
Comme à l'ombre des bois une source ignorée,
Tu ne te doutais pas que l'immortalité,
Dans un nuage d'or assise à ton côté,
Apposait son cachet sur ces fragiles pages
Qui devaient t'attirer de si pompeux hommages!...
Ces lettres où ton cœur aimant se reflétait,
Ne cherchaient pas l'esprit, mais l'esprit s'y mettait;
Le bon goût y semait ses perles les plus belles,
Et la grâce y laissait le parfum de ses ailes....

(1) Cette pièce a paru dans le *Théâtre du Monde*, journal mensuel publié à Montélimart par M. et Mme Gagne, vol. de 1857, p. 154. Elle n'a été insérée qu'en partie dans le *Courrier de la Drôme et de l'Ardèche* du 8 octobre 1857.

O Sévigné! Ton art fut de n'en point avoir;
Comme les lis des champs sont blancs sans le savoir ,
Sans le savoir aussi, du style épistolaire
Ta plume en se jouant te rendait le Molière (1)!
Rapide elle volait sur le soyeux vélin,
Comme l'oiseau léger dans l'air frais du matin;
Esclave obéissante à tes lois asservie,
Elle donnait à tout la couleur et la vie!
Pour chasser les ennuis de cette blonde enfant,
Que l'absence courbait sous son poids étouffant,
Ton talent, ennemi des teintes uniformes,
Protée ingénieux, prenait toutes les formes :
Tantôt il désertait un élégant salon
Pour l'ombrage discret d'un rustique vallon.....
Tantôt c'était Lauzun, dont l'hymen ridicule
Recevait en passant un coup de sa férule;
Tantôt, la voix émue et l'œil mouillé de pleurs,
De la Muse tragique imitant les douleurs,
Il disait le trépas de ce vaillant Turenne ,
Dont la victoire était la divine *marraine;*
Tantôt des courtisans persiflant les travers,
De leur petit mérite il raillait les grands airs;
Tantôt..... mais je m'arrête..... Il faudrait un volume
Pour nombrer les trésors qu'éparpillait ta plume,
Pour peindre la finesse et la variété
De ton style sublime en sa simplicité!
C'est un but que je dois renoncer à poursuivre.....

(1) Le nom du grand homme semble d'abord n'être appelé que par la rime. C'est cependant à juste titre que la devise de Molière : *castigat ridendo mores*, recevrait ici son application à Mme de Sévigné. Elle aussi a exercé sur son siècle et sur ceux qui le suivront une immense influence.

J'aime mieux renvoyer les lecteurs à ton livre.....
Oui, noble Sévigné, ce qui double ta gloire,
Ce qui lui donne un rang sans égal dans l'histoire,
C'est que de ton talent, si justement vanté,
Rien n'a jamais terni la sainte pureté!
C'est que ta vie enseigne à la femme de lettres...
Qu'elle doit des vertus encenser les autels,
Afin de mériter tes lauriers immortels!
Oui, le fervent amour dont tu comblas ta fille,
Et qui t'a fait nommer l'*ange de la famille* (1),
Le sévère devoir que tu pris pour Mentor,
Et qui du vrai bonheur renferme le trésor,
Le pieux dévouement qui te rend le modèle
De la mère chrétienne, de l'épouse fidèle,
Les abnégations qui dans les charités
Te faisaient savourer de douces voluptés,
Voilà tes plus saints droits à l'auguste couronne
Que la postérité dans ce grand jour te donne,
Et que Grignan, où règne en roi ton souvenir,
Par la main d'un savant (2) est si fier de t'offrir,
Dans ces murs rajeunis, où ton manoir antique
Semble se revêtir d'une beauté magique,
Aux acclamations des galants chevaliers
Qui sortent des tombeaux pour tresser tes lauriers!
Ah! si dans les palais du céleste hémisphère
On est encor sensible aux pompes de la terre,
De quel tressaillement ton cœur doit palpiter
Au bruit de ces *vivats* que tout fait éclater,

(1) Ce mot heureux est de Mme d'Altenheym. Voir ci-dessus les *Stances lyriques*.

(2) M. de Monmerqué, de l'Institut, éditeur des *Lettres de Mme de Sévigné*.

Et qui, jusqu'au séjour où tu vis près des anges,
Te portent le tribut de nos justes louanges !
Non, ce n'est point un rêve, un vain pressentiment :
Sur les vagues d'azur du calme firmament,
Je vois se balancer ton ombre gracieuse
Qui se penche vers nous, triomphante et joyeuse !
Je la vois arrêter des regards complaisants
Sur ces groupes nombreux d'illustres courtisans
Qui comptent des héros, des savants, des poëtes,
Et qui des vœux de tous éloquents interprètes,
Effeuillent à tes pieds leurs vers et leurs discours,
Comme autant de bouquets aux suaves *contours!*
Mais je te vois surtout, contemplant ta statue
A travers les rideaux vaporeux de la nue,
Jeter un long regard, reconnaissant et doux,
Dont la flamme aimantée arrive jusqu'à nous,
Sur celui (1) dont les soins, le zèle infatigable,
Ont voulu te donner cette joie ineffable
D'avoir un monument dans ces lieux tant aimés,
De ton bonheur de mère encor tout parfumés;
Où resplendit ton nom, où ta cendre repose,
Où le monde aujourd'hui fait ton apothéose,
Et que, rayon divin par la gloire embelli,
Ton immortalité sauvera de l'oubli !
Sois fière, ô Sévigné ! du brillant diadème
Que t'offre notre amour à cette heure suprême ;
Ce diadème est plein des plus hautes splendeurs :
C'est l'hommage sacré des âmes et des cœurs!

ÉLISE GAGNE, née ÉLISE MOREAU.

(1) M. Ducros, maire de Grignan.

Paris. — Typographie Morris et Cie, rue Amelot, 64.